El sueño de un libro propio

Escribe y diseña tu libro exactamente como lo habías imaginado, da igual si no-ficción, thriller o novela romántica.

Mantén siempre el control creativo y toma las riendas de la publicación de tu libro.

BoD se encarga de que tu libro esté disponible para tus lectores y lectoras como libro y e-book en más de 4.300 librerías físicas por toda España y en todas las librerías online relevantes.

Hazlo realidad con BoD: **bod.com.es**

Así de fácil funciona BoD:

1. Escribe

Idea · Piensa en el marketing desde antes de comenzar a escribir y hazte una idea de tus futuros lectores y lectoras.

Escritura · Vuelca tu historia sobre el papel. Si quieres, los expertos de BoD te apoyarán en el proceso con correcciones o revisiones que profesionalizarán tu trabajo.

2. Edita

Oferta · BoD ofrece el producto adecuado para cada idea, con o sin ISBN.

Acabado · Gracias a la gran variedad de opciones de acabado, tu libro se ve tal y como lo habías imaginado.

Diseño · Las herramientas gratuitas online como easyCOVER para la portada o easyEDITOR para la conversión a e-book te ayudan con el diseño. O deja que BoD te ayude con el proceso.

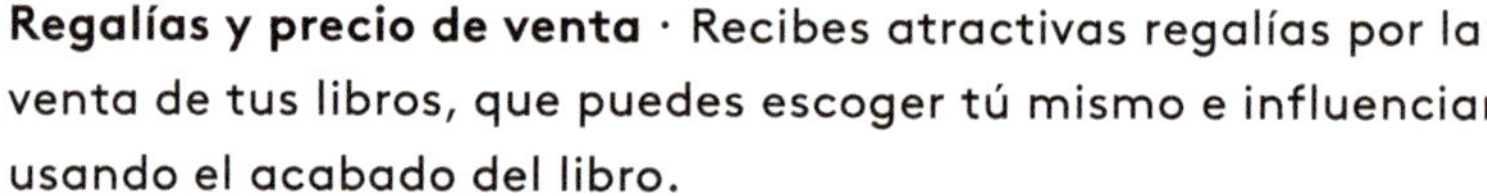

3. Publica

Regalías y precio de venta · Recibes atractivas regalías por la venta de tus libros, que puedes escoger tú mismo e influenciar usando el acabado del libro.

Subida de archivos · Subes el cuerpo del libro y la portada como PDF listo para la impresión. El libro puede imprimirse desde un solo ejemplar.

Publicación · Tu libro y/o e-book está disponible tanto en librerías físicas como en línea. Aparecerá listado en DILVE.

4. Promociona

Aumenta la visibilidad de tu libro. Nuestros servicios en el área de marketing, prensa y distribución pueden ser de gran ayuda para tu estrategia de promoción.